펜 끝을 따라 조금 더 멀리 가보려 해

유형준

펜 끝을 따라 조금 더 멀리 가보려 해

유형준

우리가 가는 여정이 유람선보단 원양어선에 더 가까울 수 있습니다.
잔잔한 연안이 아닌 폭풍우를 뚫고 가야 할 수 있습니다.
하지만 만선의 꿈이 있듯 우리의 여정 끝엔 가장 푸른 바다가 있습니다.

목차

1부
우리를 청춘이라 부르지만

두 번째 발자국 | 12
내가 보여주고 싶어 | 13
힘껏 부딪혀 | 14
너무 일찍 든 축배는 끝맛이 쓰더라고 | 15
숨이 차올라도 | 16
태풍이 지나가면 순풍이 불어온다 | 18
빵을 만드는 어른 | 19
러닝머신 | 20
여덟 팔자 | 21
조금 더 멀리 가려 해 | 22
이것조차 청춘이라 말한다면 | 23
붉은 청춘들은 언제나 함께였다 | 24
용암은 그치지 않는다 | 25
말을 타기로 결정했다면 | 26

2부
반지가 서로 교차하는 모습이

소녀도 빙그레 고개를 돌린다 | 28

꽃집이 보이길래 꽃을 샀어요 | 29

그래서 찬란한 | 30

마음에 손이 없어 안아주지 못했네요 | 31

한가한 나의 인사 | 32

핑계인 거 알지만 | 33

십이 센티미터 | 34

그치 | 35

뻔한 그 말이 | 36

낯선 악수 | 37

나는 그게 좋더라고 | 38

어찌 그리 웃고만 있는지요 | 39

어리고 여려 | 40

한 철만 그대를 사랑할 수 있다면 | 41

사랑은 티를 내고 | 42

미안해요 달아나 버려서 | 43

3부
우리는 등을 가진 사람들

역할이 다른 겁니다 | 46
책임지지 않는 음성은 소음이다 | 47
오길 | 48
아무도 고생하지 않았다 | 50
그게 망자를 위한 사죄니라 | 51
가슴 아픈 평화 | 52
조각상 | 53
눈을 떴습니다 | 54
잠시 공간만 빌려 쓰겠습니다 | 55
통통 | 56
악마가 만든 말 | 57
강하게 키운다 | 58
영웅의 가족들 | 59
명문 | 60
어느 호랑이가 더 잘 씹을까 | 61
시작되겠지 비극은 | 62
몰랐다 | 63

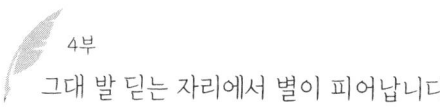

4부
그대 발 딛는 자리에서 별이 피어납니다

우유에 하고 싶은 말을 담아 | 66

하나의 그림자 | 67

그런데 말이야 | 68

여기가 버스터미널인가요? | 69

그대 발 딛는 자리에서 별이 피어납니다 | 70

비디오테이프 | 71

벅찬 사랑의 노래 | 72

너무나도 아름다웠기에 | 73

걸어만 다녀도 좋겠는디 | 74

창밖에는 녹는 꽃잎이 흩날리고 | 75

생각보다 관심 없습니다 | 76

다 보고 싶재 | 77

싫다는데 어떻게 하겠어요 그대로 받아들일 뿐이지 | 78

이게 뭐라고 | 79

예언자 | 80

문제 될 건 하나도 없지 | 81

서로의 등을 토닥여주자 | 82

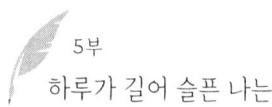
5부
하루가 길어 슬픈 나는

담백하고 또 담백하다 | 84

거짓은 없었어 | 85

나는 갈을 테니 | 86

성인군자는 못 되나 보다 | 87

옅은 연두색입니다 | 88

차가운 이 비를 | 89

유목민 | 90

한 시간만 누워 있을게요 | 91

그때 내가 만난 건 | 92

으음네에 | 93

소매에 물들었다 옅어져간다 | 94

노이즈 캔슬링 | 95

용기도 연습이 필요한가 봅니다 | 96

길 잃은 방랑자는 사막의 모래가 된다 | 97

치고 들어온다 | 98

모스부호 | 99

1부

우리를
청춘이라
부르지만

두 번째 발자국

이미 첫걸음을 뗐다면
뒤돌아보지 말고 달려가라
그대의 결정에 영광이 있으리

두려워 마라
그대가 만든 첫 번째 발자국이 보고 있으니
뒤돌아보지 마라
두 번째 발자국이 그대를 기다리고 있으니

긴장한 다리를 풀어주고
허물어진 마음의 신발 끈을 조여준 뒤
부족한 자신감은 무모함으로 채우리라

두 번째 발자국을 완성했다면
그대에게 더 이상 두려움은 없으리라

내가 보여주고 싶어

그대의 시선이 정확했음을 나는 증명하고 싶어
그대의 판단이 옳았다는 걸 내가 입증하고 싶어
땅바닥에 굴러다니는 돌멩이가
그 속에 다이아몬드를 품고 있었다는 걸

내가 보여주고 싶어

눈길조차 받지 않는 돌멩이 중 하나
누군가는 발로 차고 지나갈 수 있지
하지만 그대는 나를 똑같이 보지 않았어
그대는 나를 똑바로 바라봐 주었어

그래서 난 더 증명하고 싶어
그대가 본 건 다이아몬드였음을

그리고 내가 알려주고 싶어
그대는 다이아몬드를 볼 줄 안다는 걸

힘껏 부딪혀

그것이 앞을 가로막는다면
넘어뜨리자 힘껏 부딪혀
부딪힘의 공포는 성공이 주는
영광 앞에서 무릎 꿇을 지니

그것에 가려 빛이 보이지 않는다면
뚫어버리자 힘껏 부딪혀
그것의 손전등은 빛의 모조품
집어던져 버리고 광명을 찾을지니

그것이 거짓으로 현혹한다면
날려버리자 힘껏 부딪혀
거짓된 의지는 막다른 길
소신으로 만든 길을 걸어갈지니

부딪혀 쟁취하자
힘껏 부딪혀 쟁취하리라

너무 일찍 든 축배는 끝맛이 쓰더라고

승리에 취해 술잔에 행복한 미래를 부어 벌컥벌컥 들이키니
세상을 다 가진 것 같은 포만감에 취기가 오르더라
그런데 이상하게
끝맛이 쓰더라고

내가 잘못 느낀 건지
의식하며 계속 축배를 들이켰지만
너무 짜고 쓰고
나중엔 빈 잔에 눈물만 가득하더라고

아직은 축배를 들 때가 아니었던 거지
너무 일찍 든 축배는 끝맛이 쓰더라고
나는 승리하지 않았고
세상 근처에도 못 가봤지

너무 일찍 축배를 들었던 거지
내가 마셨던 건 오만과
편협한 사고가 만들어 낸
독주였던 거지

너무 일찍 든 축배는 끝맛이 쓰더라고

숨이 차올라도

아직은 고개를 들을 수 없지
저 검은 해구 아래 진주가 숨 쉬고 있거든
숨이 차올라도
지금은 더
밑으로
밑으로

해저 깊은 곳 빛조차 들어오지 않는
차디찬 해류를 뚫고
숨이 차올라도
지금은 더
밑으로
밑으로

폐부가 찢어질 것 같지만
태양이 찰랑거리는 저 파도 위는
나를 안아줄 것 같지만

진주가 없는 저 파도 위 태양은
나의 태양이 아니거든
나의 작렬하는 영혼은
아직 저 깊은 진흙 속에 묻혀 있거든

숨이 차올라도
아직은 더
밑으로
밑으로

태풍이 지나가면 순풍이 불어온다

모든 걸 휩쓸고 지나가도
기회의 바람은 또다시 불어온다
계속 넘어져 있다면 그대로 지나갈 뿐

고통을 머금은 태풍은
나의 현실을 송두리째 짓뭉개고
정신적 기반마저도 앗아갔지만
그래도 순풍은 불어온다

펜을 놓지 마라
진물이 나도록 잡고 있어라
지금 잡고 있는 펜이
순풍이 불어올 때
나침반의 바늘이 되어 줄 것이다

사방에서 불어오는 태풍이 멈출 때
작은 미풍이 느껴지고
곧이어 순풍이 불어온다

태풍이 다가와도
펜을 놓지 마라

빵을 만드는 어른

빵을 좋아하는 아이는
빵을 먹는 모습만 상상했던 아이는
빵이 먹고 싶어 울음보를 터트렸던 아이는

빵을 보며 관찰하기 시작했고
빵을 만드는 자신의 모습을 그려 보았고
손에 밀가루를 묻히는 어른으로 자라났지

빵을 먹는 어른이 아닌
빵을 만드는 어른은
밀가루 반죽에 자정을 넣어
새벽 연무와 함께 구워냈지

먹고 싶으면 만들어야지

빵을 먹고 싶었던 아이는
빵을 만드는 어른으로 자랐고
빵을 예술하는 장인으로 거듭나야지

러닝머신

러닝머신은 계속 돌아간다
나는 처음 발을 내딛지만
러닝머신은 그 속도 그대로 돌아간다

연약한 나의 발목은 견디지 못했고
나도 내동댕이쳐지고 말았다
달리기 전 운동화도 샀고
준비운동도 했지만
러닝머신은 나를 기다려주지 않았다

앞으로도 러닝머신은 나를 기다려주지 않을 거다
하지만 슬퍼하진 않는다
넘어지는 건 잘못이 아니니까

앞으로도 러닝머신은 나를 기다려주지 않을 거다
하지만 두려워하진 않는다
언젠간 내가 러닝머신을 기다리게 될 테니까

여덟 팔자

팔자
여덟 팔자
나의 발걸음은 여덟 팔자

팔자
여덟 팔자
나의 팔자도 여덟 팔자

곧게 뻗은
일자는 아니지만

유연하게 자유로운
여덟 팔자

나쁘지 않네
나의 발걸음
나의 팔자

조금 더 멀리 가려 해

연안을 벗어나 더 큰 대양으로
작은 노트를 벗어나 더 넓은 캔버스로
조금 더 멀리 가려 해
펜 끝을 따라 조금 더 멀리 가보려 해

작은 종이에서 사브작 거리던 나무 돛단배는
드넓은 대양을 횡단하는 증기선이 되어
조금 더 멀리 가려 해
그 배에 올라타 나도 조금 더 멀리 가보려 해

유람선보단 폭풍우를 뚫고 나가는
원양어선에 더 가깝겠지만
만선의 꿈이 있듯
나의 배도 더 큰 꿈이 있다

뱃고동 소리 뿜으며
조금 더 멀리 가려 해
가장 푸른 바다까지

이것조차 청춘이라 말한다면

보이지 않는 가느다란 낚싯줄을
나의 길이라 생각하며 걷고
고독마저 삼켜버릴 외로움 속에
마음의 양초 하나 켜고 걸어가는 우리

반투명한 유토피아를 찾아 방황하고
희망찬 옷을 걸 수 있는
보이지 않는 영원한 옷걸이를 찾아다니는 우리

우리를 청춘이라 부르지만
푸르기보단 푸르뎅뎅한
마음엔 멍 자국이 수두룩

이것조차 청춘이라 말한다면
이것만큼은 청춘이라 말하지 말기를

붉은 청춘들은 언제나 함께였다

수천 개의 성냥 꽁다리가 푸른 바다 깊은 곳에 뿌려졌다
대양에 찍힌 붉은 반점들이 대지에 등대가 되는
그날을 염원하며 강으로 강으로

거친 풍랑에 앙상한 몸뚱이는 저 바다 아래로 아래로
그래도 같은 태양의 알갱이가 있어 서로 비비고 비비고
작은 빛이라도 만들며 견디고 견디고
미약한 숨결이라도 만들며 견디고 견디고

좁아지는 강변에서도
굽이치는 나들목에서도
붉은 청춘들은 언제나 함께였다

훗날
대지의 성화가 될 그들이
아직은 풍파에 힘겨워하는 그들이지만
기억했으면 좋겠다

그래도 붉은 청춘들은 언제나 함께였다

용암은 그치지 않는다

심장 저 깊은 곳에서 용암이 끓어오른다
타오르는 심지를 부여잡아 보지만
용암은 그치지 않는다
다이너마이트가 다 터져 없어질 때까지
모든 혈관이 굉음을 내고 발광할 때까지

나는 살아 있음을 느낀다
몸 밖으로 들끓는 용암은 터져 나오고
나를 불태우며 밖으로 밖으로 뿜어져 나온다
전신을 불덩이로 만들고 그 속에서 나는 소리친다
들끓어라
용암아 그치지 마라

파열한 용암은 창공으로 솟구친다
심장도 살아 있음을 느끼는지
불타는 뜨거운 것을 계속 만들어 낸다
용암은 그치지 않는다

살아있음을 느낀다

말을 타기로 결정했다면

말을 타기로 결정했다면
거침없이 달려가
길들지 않은 저 초원에
야수의 발자국 새겨 주시오

울타리를 뒷발로 부수고
가축이 아닌 짐승으로 거듭나시오
거침없이 달려가
속박의 안장을 벗어 버리고
아무도 가지 않는 그곳까지
갈기를 휘날려 주시오

말을 타기로 결심했다면
덮고 있던 거적을 던져 버리고
거침없이 달려가
태양을 쟁취하시오

태양을 인도하는 자여
그대의 말이 지나가는 곳에
길든 가축들의 기도만이 있을 뿐이로다

2부

반지가
서로 교차하는
모습이

소녀도 빙그레 고개를 돌린다

서쪽녘에서 휘파람이 불어온다
양 떼를 몰던 소년은
지팡이를 멈추고
고개를 돌린다

소녀의 휘파람 소리
설탕 묻은 바람은
단비를 뿌리며
소년에게 나부낀다

나비의 단내음
초원 위 설탕 묻은 아기들
소년도 풀피리를 불어
동쪽녘으로 나부낀다

꿀내음 품은 구름이
소년의 이야기를 담아오니
소녀도 빙그레 고개를 돌린다

꽃집이 보이길래 꽃을 샀어요

봄향이 어울리는 그대
꽃집이 보이길래 꽃을 샀어요
그대의 표정을 꽃잎에 그리고
발 콕콕하며 그대를 기다립니다

연분홍 장미꽃 한 송이
잡고 있는 나의 두 손
우리 사이의 간격은 세 뼘
검정치마에 분홍빛이 도네요

그대가 묻네요
갑자기 무슨 꽃인가요
어설프지만 대답합니다
꽃집이 보이길래 꽃을 샀어요

검정치마에 연분홍 장미꽃을 새겼습니다

그래서 찬란한

영원을 바라지 않기에 찬란하더라
그대의 온도도
나의 언어도

그대의 온도가 나를 불렀고
내가 싹을 틔워
언어를 배우고 그대와 대화를 나누는 게
영원하지 않기에 찬란하더라

그대의 온도가 식어가고
내가 다시 언어를 잃어버리면서
우리의 대화도 저물어 가지만
영원을 바라지 않기에

그래서 더 찬란했더라

마음에 손이 없어 안아주지 못했네요

파스스 여린 그대가 품 안에서 빠져나가요
마음에 손이 없어 그대를 안아주지 못했네요
내 몸에 붙어 있는 건 무엇일까요
적어도 손은 아니었나 봅니다

나는 손이 있다면 그대를 안을 수 있다고 생각했는데
내 몸에는 손이 두 개나 있어 그대를
놓치지 않을 거로 생각했는데
마음에 손이 없어 그대를 안아주지 못했네요
결국은 마음이었나 봅니다

그대는 이미 보았을까요
내가 그대를 품지 못하고 있다는 걸
빈 마음에 어설픈 몸짓이 처량해 보이진 않았는지요
아둔한 자신이여

결국은 마음이었나 봅니다

한가한 나의 인사

매일 아침 혼자 인사하네요
그대는 바쁜 사람
나도 그대에게 바쁜 사람이 되고 싶은데
그게 잘 안되네요
나는 그대에게 가장 한가한 사람이니까

안녕
안녕
안녕

언제쯤 저도 인사를 받아볼 수 있을까요
그대는 바쁜 사람
나도 그대에게 바쁜척하고 싶지만
그게 잘 안되네요
적어도 그대에게는 나는 언제나 한가한 사람이니까

한가한 나의 인사는
쳇바퀴 돌며 반복되네요

안녕
안녕
안녕

핑계인 거 알지만

날도 추운데 오늘은 집에 일찍 들어갈까
집에 가서 김치찌개 끓여 먹자
핑계인 거 알지만
이렇게라도 그대와 붙어있고 싶네요

내 우산이 더 크니까 하나로 같이 쓰자
걱정 마 비 안 맞을 거야
핑계인 거 알지만
이렇게라도 그대 옆에 서고 싶네요

그대가 옆에 있어준다면
저는 터무니없는 핑계라도 댈 수 있어요

그대가 보이고
핑계인 거 알지만
저는 오늘도 핑계를 대고 있네요

십이 센티미터

십이 센티미터
그대의 웃음과 마주치는 거리
나와 눈이 마주쳤고
나를 보고 그대가 웃었어
저 웃음이 나는 좋더라고

그대의 웃음이 느껴지고
형용할 수 없는 온화함이 우리를 끌어당겼지
나도 눈이 마주쳤고
그대를 보며 나도 웃었어
저 웃음이 나는 좋더라고

가로 오십 센티미터 세로 칠십오 센티미터
지하철 출입문 창문에 그대가 보여
우리는 웃었고
이 웃음이 나는 좋더라고

창과 선이 만나는
십이 센티미터

그치

오늘도 깜깜한 하루였어 무서워 그치?
그치! 그래도 같이 있으니까 길을 잃지 않은 것 같아 그치?
그치! 앞으로도 계속 함께 걸어갈 거지 그치?
그치!

그런데 눈을 감으면 검은 불안이 나타나지 않을까 두려워 그치?
그치! 하지만 맞닿은 두 손 사이에서 숨 쉬는 반딧불이 우릴 밝혀 줄 테니 괜찮아 그치?
그치! 오늘 밤도 은은한 초록빛 틈에서 눈을 감을 거야 그치?
그치!

그치지 않을 것 같은 나의 암흑이
그치라는 말에 다 쓸어 담겨 버렸고
끝이 보이지 않을 것 같은 나의 검은 현실에
그치라는 말에 초록빛이 보이기 시작했어

그치?
그치!

뻔한 그 말이

그대도 아시나요
뻔한 그 말이 듣고 싶어
매일 묻고 또 물어 보내요

밥은 먹었어?
잠은 잘 잤고?
오늘 하루는 괜찮았어?

매일 똑같은 질문에
매일 똑같이 대답하지만
뻔한 그 말이
저는 듣고 싶네요

뻔한 그 말이
나를 안정시켜 주고
나를 위로해 주고
나를 다독여 주네요

그대와 뻔한 하루를 보내는 게
저에겐 행복인가 봅니다

낯선 악수

평온한 손이 아닌 불안한 손으로 악수해요
낯선 손으로 악수하는 게 어색하신가요?
우리는 깍지를 낄 테니 걱정하지 마세요
그게 우리의 악수니깐요

손바닥이 스치는 악수가 아닌
손가락이 포개지는 악수를 해주세요
차가운 긴장감이 손가락을 타고 전해질까 초조하신가요?
손타래가 다 녹여줄 테니 마음 놓으세요
그게 우리의 악수니깐요

만들어진 손이 아닌 만들어낸 손에
반지를 껴주세요
반지가 서로 교차하는 모습이 아름답네요
반지가 빠질까 걱정되신가요
붙잡고 있으니 걱정하지 마세요
그게 우리의 악수니깐요

낯선 악수지만
그것이 우리의 악수라면
열 번이고 잡고 싶습니다

나는 그게 좋더라고

그거 있잖아
서로 고생했다고 안아 주는 거
나는 그게 좋더라고

소리 없이 전해지는 마음이
어떠한 말보다 뭉클하게 다가와서
나는 그게 좋더라고

그거 있잖아
서로 바라보며 손 흔드는 거
나는 그게 좋더라고

눈빛에서 전해지는 진실함이
천 마디 말보다 더 와 닿아서
나는 그게 좋더라고

어찌 그리 웃고만 있는지요

지금 그대 그 누구를 사랑하옵니까
나는 그대의 대답이 두렵지 않소
그대도 걱정하지 마시오
나의 대답도 흐트러짐 없을 테니

수줍은 그대의 미소가
대신 화답을 해주는 건가오
그대 마음을 나는 알기에
나도 수줍음으로 뜻을 전하오

그대 지금 그 누구를 사랑하옵니까
대답은 없고 어찌 그리 웃고만 있는지요
하지만 그 웃음이 나도 좋아
함께 웃고만 싶소

어찌 그리 웃고만 있는지요
내 님아 어찌 그리 웃고만 있는지요

어리고 여려

말은 그렇게 해도
또 신경이 쓰이네요
어리고 여린 그대
조심히 다녀오세요

작은 발로 내딛는 걸음이
굽이치는 급류에 쓸려가진 않을지
고사리 손으로 지구를 받칠 수 있을지
어리고 여린 그대
조심히 돌아와 주세요

걱정 말라고
나도 어른이라는 그대의 말이
저를 더욱 어린애로 만드네요
불안한 마음 동동 구르니
부디 조심히 갔다 오세요

잘 다녀오라고 손 흔들어
보내주지만
흔들리는 건 손이 아닌
내 마음이었네요

한 철만 그대를 사랑할 수 있다면

한 철만 그대를 사랑할 수 있다면
저는 지금 그대를 만나고 싶어요
저의 계절은 겨울이니
저에게 봄을 알려주세요

언제나 얼어있던 계절
겨울에 멈춰있던 나의 계절에
그대를 만나 사랑할 수 있다면
저의 계절도 움직이겠죠

한 계절밖에 없는 나
사계절을 가진 그대
그대를 만나 봄을 느껴봅니다

퍽 따뜻하고
꽤나 기분 좋네요

사랑은 티를 내고

지금 그 누구를 사랑하는가
묻는다면
보이는 그대로라
답하겠습니다

말하지 않아도
그대 보는 그대로
사랑은 티를 내는 것
의도하지 않아도 티가 나는 것

지금 누구를 사랑한다면
묻지 않고 지켜보겠습니다
사랑이 내는 티를

눈에 보이는 장미 향을
저는 그대로 바라보겠습니다

미안해요 달아나 버려서

나를 덮치는 화염이 두려워
나는 도망쳐 버렸고
그대는 그곳에서 나를 기다려주었네요

새까만 재가 되도록
그곳에서 나를 기다려 준 그대
화염이 사그라질 때까지
그곳에서 도망쳐 버린 나

미안해요 달아나 버려서
미안해요 옆에 있어주지 못해서

검게 타버린 그대의 마음
그대가 기다려준 시간만큼
제가 품는다면
그때 다시 돌아올 수 있을까요

3부

우리는
등을 가진
사람들

역할이 다른 겁니다

그대는 그런 거 하는 사람이고
나는 이런 거 하는 사람이고
중요하고 안 중요하고는 없습니다
역할이 다른 거니까

그대는 그대의 역할을 하고
나는 나의 역할을 하고
추앙할 것도
천대할 것도 없습니다
역할이 다른 거니까

다름은 높이가 아닌
받아들임의 깊이
역할의 다름도 높이가 아닌
받아들임의 깊이

중요하고 안 중요하고는 없습니다
역할이 다른 거니까

책임지지 않는 음성은 소음이다

여기에 두어야지
아니 저기를 먼저 했었어야지
머리 위에서 말씀이 판을 벌이고 춤을 춘다

꽹과리는 목에 핏줄을 세우고
꽤갱갱캥 꽤갱갱캥
분무기는 침이 마르지도 않는구나
후드득 후드득

판이 끝나갈 때쯤
성인군자의 말씀은
책임지지 않는 진리를 설파하며
홀연히 사라진다

책임지지 않는 음성은 소음이다
결국 책임지는 건 나이거늘
이 음성을 훈수라고 부르자

오길

비가 오길
눈이 오길
아침이 오길
밤이 오길

그날이 오길
그때가 오길
그대가 오길
그 순간이 오길

오길
오길
방 안에서 기다리며
오길
오길

비가 왔었고
눈이 왔었고
아침이 왔었고
밤이 왔었고

그날이 왔었고
그때가 왔었고
그대가 왔었고
그 순간이 왔었고

오길
오길
방구석에서 기다리며
오길
오길

아무도 고생하지 않았다

시우는 고생을 몰라 민준이가 말했다
민준이는 좋을 때 태어났지 지민이가 말했다
지민이가 고생을 알 리 없지 준영이가 말했다
준영이는 고생을 안 하려고 해 혜진이가 말했다
혜진이는 힘든 걸 모르지 미경이가 말했다
미경이는 시기를 잘 타고났지 영숙이가 말했다

시우 민준이 지민이 준영이
혜진이 미경이 영숙이

그 누구도
아무도 고생을 하지 않았다

고생은 누가 하는 걸까

그게 망자를 위한 사죄니라

죄인을 헐벗겨 포승줄로 묶어라
망자의 치욕은 이보다 더 잔인했거늘
죄인의 낯짝을 누런 천으로 가리거라
죄인은 하늘을 올려다볼 자격도 없거늘

죄인의 몸에 한을 뿌려라
얼마나 서려 있는지 몸소 느껴보거라
몸속 깊은 곳에서 망자의 살얼음이 느껴지느냐
망자의 마음은 항상 겨울이었다

죄인의 몸에 화를 끼얹어라
얼마나 타올랐는지 직접 느껴 보거라
살가죽이 녹아드는 게 느껴지느냐
망자는 그것보다 더 깊은 화를 입었다

하늘도 땅도 아닌 곳
그곳을 죄인은 평생 떠돌 거라
그게 망자를 위한 사죄니라

가슴 아픈 평화

폭력의 다른 이름 가슴 아픈 평화
비둘기의 흰 깃털도 멍이 들었는지 푸르스름해 보이네
바닥에 눌어붙은 깃털은 얼마나 오래되었는지
몽둥이를 피하는 비둘기의 가련한 몸짓에서 가슴 아픈 평화를 보았네

덜 맞기 위해 비둘기는 고개를 조아리고
덜덜 맞기 위해 비둘기는 날개를 비비고
덜덜덜 맞기 위해 비둘기는 깃털을 바쳐야만 하네

평화라고 부르기엔 너무 가슴 아픈 평화
익숙해진 폭력에 백기를 들 기운도 없어 보이네
움츠러든 몸집에선 작디작은 핏빛 누린내가 올라오네

피해자가 먼저 요청하는 가슴 아픈 평화
백기가 아닌 핏기가 세워진 둥지에
푸르스름 비둘기는 숨만 쉬며 살아간다
가슴 아픈 평화를 지켜가며

조각상

나의 걸작을 만들기 위해
깎아 낸다 타인의 결과물을
한 번 깎아 낼 때마다
바닥에 노력의 역사가 후드득

땀으로 일궈낸 빛나는 성물이
더러운 조각 망치에 갈기갈기
묵묵히 쌓아온 고독한 유물이
가벼운 조각칼에 갈퀴 갈퀴

긁히고
찢기고
부서지고
후드득

완전히 가루로 만들어 버리니
이제야 완성했다 나의 걸작
작품명
자존감

눈을 떴습니다

다 나았다고 생각했는데
그것과 조우하는 순간
눈을 떴습니다
아직 산소 호흡기를 떼지 못하고 침상에 누워 있는 걸

양가지에 꽂아있는 주삿바늘
고무관을 통해 들어오는 영양제를 보니
나는 불쌍한 잡풀
잊고 싶어 괴로워하는 침상 위 고목나무

앙상한 가지에 잎사귀 하나 피워내지 못하는 초목은
그것을 피해 숨고 있었던 것이었을 뿐
그것과 다시 조우하는 순간
눈을 떴습니다

그것은 살아있고
나는 숨만 쉬고 있다는 것을

잠시 공간만 빌려 쓰겠습니다

만나서 반갑습니다
저는 우연히 만난 사람입니다
다들 우연히 만난 사람들이죠?
잠시 공간만 빌려 쓰겠습니다

어디서 오셨나요?
저는 그곳에서 왔습니다
어디까지 가시나요?
저는 저곳까지 갈 겁니다
우리는 모두 출발점과 도착점이 다르네요

다른 곳에서 와 다른 곳으로 갈 사람
그러다 우연히 만난 사람
그게 우리들인 거죠
잠시 공간만 빌려 쓰겠습니다

또 다른 우연에 공간을 내어 줄 시간이네요
만나서 반가웠습니다
우연히 만난 저는 그만 가보겠습니다
각자 가는 길이 다르니
살펴 가세요 우연히 만난 이들이여

통통

보아하니 통통하게 심통이 올랐구나
통통하게 부푼 것은 심술이더냐
아니면 다그치지 못한 분통이더냐

무릇 통통한 건 모두 무해하다고 생각했다
강아지의 통통한 배는 귀엽고
다람쥐의 통통한 볼은 복스러우며
아이의 통통한 발목은 미소를 짓게 하였다

허나 이는 나의 오판이었으니
통통하게 오른 심통은 불편함을 주고
통통하게 삐져나온 심통은 불쾌함을 주며
통통하게 달아오른 심통은 미간을 찌푸리게 하는구나

바늘이 있다면

악마가 만든 말

무서울 정도다 이렇게 이 한 글자가
사람의 마음에 분란을 조장할까
처음 보는 사람도
오래 알고 지내던 사람도
예외 없이 마음에 불편함을 불러올까

분명 악마가 만든 말일 거다
사람의 마음에 서로 미워하도록
고통의 씨앗을 심기 위해서
너무 교묘하게 만들어 다들 모를 뿐이지
서로가 서로에게 상처를 주고 있다는 것을

야

이미 내 마음엔
거부감의 씨앗이 심어졌다

강하게 키운다

강한 건 무엇이고
키운다는 건 무엇일까
문득 절벽에서 떨어지는 아기 사자의 모습이 생각났다
훗날 그 아기 사자는 밀림의 왕이 된다 카더라

아 강하게 키운다는 것은 왕으로
만들려고 하는 건가 보다
하지만 주위를 둘러봐도 왕은
보이지 않는다
마치 밀림에서 절벽이 보이지 않는 것처럼

아 강하게 키운다고 해서 왕이 되는 건
아닌가 보다
상처받은 가죽들만 밀림에 남아 있는 걸 보면

강한 건 무엇이고
키운단 건 무엇일까

영웅의 가족들

지구에 위기가 닥치면
영웅은 지구를 지키기 위해
몸바쳐 뛰어나갈 거다

우리는 영웅을 목놓아 응원하겠지
나를 대신해 나를 나의 가족을 지켜주니까
영웅의 가족들도 영웅을 응원할까
두 손 모은 기도는 살아 돌아오길 바라는
염원이지 응원은 아닐 거다

우리는 영웅이 끝까지 영웅으로 남길 바라겠지
나를 대신해 나를 나의 가족을 우리 모두를 지켜주니까
영웅의 가족들도 똑같이 생각할까
눈물에 잠긴 가족사진을 보며
빈방에 걸려있는 작업복을 보며

영웅은 사라져도
영웅의 가족들은 남겨진다

명문

명문이란 무엇이냐
집안 또는 학교에 붙이는 멋들어진
수식어를 명문이라고 하나보다

그럼 멋들어진 수식어는 누가 붙이나
누가 붙여주는 걸까
스스로 붙이는 걸까

나도 한 번 붙여보자
지금부터 명문 학교 오늘부터 명문 가문
너도 한 번 붙여봐라
으리으리 명문학교 휘황찬란 명문 가문

누군가 말하겠지
그렇게 멋대로 붙이면 명문이게

그렇게 답하겠지
그렇다 그런 게 명문이다

어느 호랑이가 더 잘 씹을까

고기를 던져주고
그것을 씹어본 적 있는 호랑이와
그것을 씹어본 적 없는 호랑이 중
어느 호랑이가 더 잘 씹을까
물어본다면

나는 알 수 없다고 말할 거다
고기를 씹어 본 호랑이가
이전에 이빨을 다쳤었는지
혹은 씹기는 씹는데 요령껏 대충 씹는지
또는 아주 잘근잘근 씹어 삼켜 버릴지
우리는 알 수 없다

또 나는 알 수 없다고 말할 거다
고기를 씹어 본 적 없는 호랑이가
고기를 보고도 알아보지 못할지
혹은 생전 처음 본 고기에 두 눈이 뒤집힐지
또는 씹다 지쳐 포기할지
우리는 알 수 없다

어느 호랑이가 더 잘 씹을지
던져보기 전까진
그 누구도 알 수 없다

시작되겠지 비극은

가운데 아이
괴물이 된 부모를 양옆에 두고
눈에 초점이 사라져 갔어
시작되겠지 비극은
괴물은 모를 거야

작아지는 아이
거대해진 목소리 사이에 껴
숨소리도 낼 수 없었어
시작되겠지 비극은
괴물은 못 들을 거야

불쌍한 어린 양
부르르 떨리는 솜털을
왜 옆에서 보지 못하는 걸까
시작되겠지 비극은
괴물은 그날을 후회하게 될 거야

괴물은 알지 못할 거야
어린 양의 이마에
뿔이 자라고 있다는 걸
시작되겠지 비극은

몰랐다

몰랐다는 말은
사과와 함께 사용하는 말이지
요구와 함께 사용하는 말이 아니다

모를 수도 있지
하지만 몰랐다의 표정은
승리자의 표정이 아닌
속죄자의 표정이어야 한다

모를 수도 있지
하지만 몰랐다의 역할이
나를 보호하고
나를 정당화시키기 위한
최후의 고집이 되어선 안된다

우리는 모두 모를 수 있다
하지만 모름의 용도는 정확히 알아야 한다
용도마저 모르진 않길 바란다

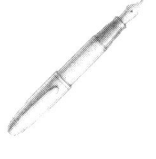

4부

그대
발 딛는 자리에서
별이 피어납니다

우유에 하고 싶은 말을 담아

우유에 하고 싶은 말을 담아
최대한 부드럽게 말하고 싶어
그대가 마시기 편하게

그대가 꿀렁꿀렁 마실 수 있도록
다 먹고 훌훌 털어버릴 수 있도록

우유 곡선에 하고 싶은 말을 담아
최대한 부드럽게 말하고 싶어
모난 세상에서
이미 상처받은 그대에게

흰 우유에 묻혀 모진 말들이 희석되도록
모진 글자들이 우유색으로 물들도록

우유에 하고 싶은 말을 담아

하나의 그림자

아빠와 딸은 하나의 그림자
딸의 그림자 속엔 아빠가 함께한다
보이지 않지만 보이는 그림자
아빠는 딸에게 그런 사랑이다

운동회
달리는 딸 옆엔 아빠도 이마를 적셨고
밤 열두 시
도서관 문을 닫고 나오는 딸 옆엔 아빠도 같이
나갈 채비를 마쳤다

아빠의 그림자가 옅어질수록
딸의 그림자는 짙어져만 간다

빛이 없어도 볼 수 있는 딸의 그림자
순애보가 만들어낸 분홍색 그림자
하나의 그림자

아빠는 딸에게 그런 사랑이다

그런데 말이야

그대는 빛나는 별이야
우뚝 솟은 나무고
가늠 잡아 볼 수도 없는 거대한 바다야

그대는 세상의 울림이야
독보적인 믿음이며
흔들림 없는 고귀한 영혼이야

그런데 말이야

우리는 빛나지 않고
초목의 시작점에서
눈으로 바로 가늠 잡아 볼 수 있는 존재들이야
우리는 작은 음성이고
흔들리는 마음이며
어디에나 있는 그런 존재들이야

그런데 말이야

그대만큼 우리도
세상의 조각이야
보편적 질서들이고

그런 존재들이야 우리도

여기가 버스터미널인가요?

앞자리 아저씨 여기가 버스터미널인가요
뒤에서 들리는 순수한 지저귐
어미 새가 총명하게 묻는다

아니요 여기는 병원이에요
말하려는 순간
어미 새 옆 아기 새의 부리가 나지막하게 움직인다
치매셔요

어미 새가 계속 지저귀었고
아기 새는 연신 고개를 숙였다
어미 새는 버스를 타고 어디로 가고 싶었던 걸까

맞아요 여기는 버스터미널이에요
제가 마음의 둥지까지 데려다 드릴 테니
깃털 흘리지 않게 꽉 붙잡으세요

여기는 버스터미널입니다

그대 발 딛는 자리에서 별이 피어납니다

그대 발 딛는 자리에서 별이 피어납니다
찰나에 피었다 지는 연기가 아닌
수십 년을 빛나는 저 별
태고의 어둠 속 우리는 별을 보며 걸어갑니다

땅에서 피어나 하늘로 올라가는 별
별 하나 사랑 하나
떨어지고 피어나는 저 별을
별지랑이 타고
우리를 밝혀줍니다

사랑하는 그대도 별이 되었고
무지개를 그리며 언젠간 지평선 아래로 내려가겠죠
지금 제가 보는 저 별은
별 무리인가요 마음의 잔상일까요

그대의 별무늬를 보며
저는 걸어가겠습니다

비디오테이프

비디오테이프를 틀었다
화면에 내가 나오고 엄마도 나온다
엄마는 작은 나를 감싸 안았고 그게 우리의 첫 만남이었다

비디오테이프의 볼륨을 높였다
나의 웃음소리에 섞여 엄마의 눈물이 들려왔다
나의 웃음소리에 섞여 엄마의 미소가 들려왔다

화면 속 나는 웃고 울고 자라났고
나를 따라 엄마도 웃고 울고
하지만 작아져갔다

작아진 엄마를 감싸 안았고
그게 비디오의 마지막 장면이었다

비디오테이프를 되감으면
다시 만날 수 있을까

되감기 버튼을 눌러 보지만
되감기 버튼을 눌러 보았지만

벅찬 사랑의 노래

입술엔 색조차 없지만
불러보리라 벅찬 사랑의 노래를
박수 치는 이 없지만
이 내 마음 그대에게 전해지기를

길바닥은 여전히 적막하기 그지없지만
불러보리라 벅찬 사랑의 노래를
그대는 구름 위에 있지만
이 내 음성이라도 그대 귀에 스쳐가길

오선지에 그려진 다른 세상 음표
눈먼 나에게는 허락되지 않는구나
읽을 수 없다면 느껴봐야지
이 내 온몸으로 전부 느껴보리라

읽을 수 없는 내가 부르는
벅찬 사랑의 노래

너무나도 아름다웠기에

현관문을 열고 들어오면 가장 먼저 보이는 사진
우리 딸 너무 예쁘네
아빠는 아직도 사진 속에 사는 것 같구나
너무나도 아름다웠기에
아빠의 시간은 멈춰있단다

아빠 등에 업혀서 잠들던 모습
아빠 손잡고 해변가를 걷던 모습
너무나도 아름다웠기에
아빠의 시간은 멈춰있는데
우리 딸은 예쁘게 자랐네

그때는 몰랐는데
지금은 알 것 같네
아빠의 시간과 우리 딸의 시간은 다르게 흘렀구나

너무나도 아름다웠기에
너무나도 눈이 부셨기에

우리 딸 예쁘게 자랐구나

걸어만 다녀도 좋겄는디

아짐 어찌 그리 잘 걸으쇼잉
매일 운동 삼아 걷는 모습이 보기 좋당께
우리 엄니도 걸어만 다녀도 참말로 좋겄는디
시방 또 눈물이 나부네

아짐 오늘도 운동 나가신당가
날도 추운데 바닥 잘 보고 다녀오랑께
그라제 조심히 갔다 오쇼잉
우리 엄니도 걸어만 다녔어도 참말로 좋겄는디
아따 또 눈물이 나부네

우리 엄니 손 잡고 동네 한 바퀴 돌면 쓰겄는디
나가 욕심이 많은 건지
우리 엄니는 대답이 없어부네

우리 엄니 손 정말 고왔는데
언제 이렇게 거칠어졌소잉
나가 미안허네

창밖에는 녹는 꽃잎이 흩날리고

창밖에는 녹는 꽃잎이 흩날린다
라디오를 켜니
먼저 들리던 기계음 소리

이웃집 작은 친구의 검은 발바닥
하얀 조각들이 붙어 있던 것도 모르고
치지직
지지지직
불규칙한 소리에 귀를 기울인다

들려온다 겨울 소리가
창문에 붙은 녹아버린 꽃잎은
운율만 남겨 놓은 채

깊어져 간다 겨울 소리가
방안에 스며든 백색 반가움과
화음을 이룬다

창밖에는 녹는 꽃잎이 흩날리고

생각보다 관심 없습니다

앞머리가 헝클어져도
셔츠 주름이 지워지지 않아도
생각보다 관심 없습니다
걱정 말고 편하게 사세요

지난주 그 사람이 입고 온 바지
어제 그 사람이 신고 온 구두
아무것도 기억나지 않으니
눈치 보지 말고 편하게 사세요

혹시나 오해하지 않을까
혹여나 불편해하지 않을까
생각보다 관심 없습니다
마음 놓고 편하게 사세요

지난주에 했던 말도 기억 못 할 만큼
어제 나눴던 대화도 사라질 만큼
생각보다 관심 없습니다
신경 쓰지 말고 편하게 사세요

다 보고 싶재

엄마 누가 가장 보고 싶은가
말해보소
다 보고 싶재
첫째도 둘째도 막내도 다 보고 싶재

엄마 혼자 있으면 외롭지 않은가
우리랑 같이 올라가소
첫째도 둘째도 막내도 다 있으니께
아내
아낸다

왜 아낸다고 한당가
우리한테 부담 줄까 봐 그러는가
참말로
나는 여기서 혼자 있을 거시여
다음에 또 놀러 오랑께

다 보고 싶으니께
다 함께 놀러 오면 쓰것다
참말로

싫다는데 어떻게 하겠어요 그대로 받아들일 뿐이지

내가 싫다는데 어떻게 하겠어요
싫은데 이유 있나 싫은 거지
나는 그대로 받아들일 뿐이지요

싫음의 사유를 묻고 싶지도 않고
좋음의 기준을 알고 싶지도 않네요
싫음을 그대로 받아 들일 뿐이지요

나도 누군가를 싫어하고
그 누군가도 또 다른 누군가를 싫어하니
우리가 사는 세상은
싫음으로 가득 차있네요

이곳은 유토피아가 아니기에
물리고 물리는 싫어함을 받아들일 뿐이지

이게 뭐라고

이게 뭐라고 그대가 힘들어야 하나요
이게 뭐라고 그대가 병원에 가야 하나요
그대는 피해자
지켜주지 못한 우리의 잘못입니다

기죽을 것도
자괴감에 빠질 필요도 없어요
이게 뭐라고 그대가 고개를 숙이나요
이게 뭐라고 그대가 사과 해야 하나요
그대는 피해자
구해주지 못한 우리의 책임입니다

떳떳하게 고개를 들어요
어깨를 펴고 앞을 바라보세요
이게 뭐라고
이 까짓 게 뭐라고
그대가 작아지나요

이것들에 굴하지 말아요
그대는 피해자
그대를 응원하는 건 우리의 양심입니다

예언자

내가 그럴 줄 알았어
봐봐 내가 말했잖아 이게 되겠느냐고
그대가 예언자라면
파랑새를 불러주세요

분명 해낼 수 있을 거야
기다려봐 내일은 오늘보다 더 즐거울 거니까
그대의 예언이
우리를 살아가게 할 거예요

세기말 예언자의 가십거리가 아닌
우리가 믿고 소망할 수 있는
파랑새를 불러주세요

예언자의 파랑새
내일의 하늘을
푸르게 비추어 주세요

문제 될 건 하나도 없지

잠깐 눈을 감고 벽에 기대어봐
긴장을 벽에 걸어 놓고
굳어 있는 다리에 자유를 선물하는 거야
나에게 주는 작은 편의
문제 될 건 하나도 없지

잠깐 허리를 놓아주고
스르르 그대로 흘러내려가 봐
어깨 위 군더더기는 방바닥에 흩트려 놓고
나에게 작은 안식을 주는 거야
문제 될 건 하나도 없지

잠깐 얼굴을 적시고
문제도 아닌 문제들을 닦아내 봐
끈적였던 그대의 하루가
조금은 담백해질 거야
문제 될 건 하나도 없지

문제도 아니기에
전혀 문제 될 게 없지

서로의 등을 토닥여주자

혼자서는 볼 수 없는 곳
얼굴이 있다면 함께 존재하는 등
우리는 등을 가진 사람들

혼자서는 닿을 수 없는 곳
서로의 등을 토닥여주자
얼굴을 마주 보며 등을 쓰다듬어주자

그대가 나에게 등을 돌리지 않게
나의 등이 그대를 향하지 않게
우리 얼굴을 마주 보고
서로의 등을 토닥여주자

혼자서는 감쌀 수 없는 곳
서로의 등을 보듬어주자
두 손으로 안아주며 등을 감싸주자

5부

하루가 길어

슬픈

나는

담백하고 또 담백하다

차 한 잔 입가에 가져다 대보니
입술에 생기가 돌았다
담백하고 또 담백했다

차 한 잔 입술에 묻혀 보니
내 몸이 겸손해졌다
담백하니 또 담백했다

찻잎을 겸허히 우려내며
조용히 눈을 감았다
시간마저 담백했다

대나무 스치는 잎사귀 소리가
옆으로 지나갔다
조용히 고개를 돌려보니
찻잎 하나 떨어져 있었다

담백하고 또 담백했다

거짓은 없었어

부족함은 있었지만 거짓은 없었어
가득 찬 마음에 티는 있었지만
알맹이는 따뜻했고 가장 순수했어

빈 마음을 꺼내어
진실됨을 쏟아부었고
아기의 날개를 달아
그대에게 다시 건네 주었지

천사는 마음을 품었고
깃털 속에서 사랑이 부화할 때
빛으로 우리를 인도해 주었지

부족함은 있었지만 거짓은 없었어
오히려 찬란하고 아름다웠지

온화하고 가장 순수했어

나는 같을 테니

나의 가장 친한 친구여
속눈썹 들 힘도 없을 때까지
천천히 더 천천히 오렴
나는 언제나 같을 테니

이제는 제법 낡은 티가 나네
내 머리 위를 쓰다듬던 어린 소년의 풀잎은
갈라진 콘크리트벽이 되어 생명선조차
보이지 않는구나

나의 영원한 친구여
언젠간 너를 다시 볼 수 있다는 생각으로
네 발의 지문이 없어지도록
내 발의 자욱이 지워지지 않도록
나는 언제나 같을 테니

같은 자리
같은 모습으로

오렴 천천히 더 천천히

성인군자는 못 되나 보다

나 역시 미천한 중생이었다
내가 죄를 저지르고
나의 책임이며
내가 우를 범했다
일백 번 고상한 척 사과했지만
삐죽거리는 본성을 고이고이 누르느라 잠을 이루지 못했다

나 역시 작은 중생이었다
내가 상처를 주고
내가 하루를 망치고
내가 불편하게 만들었다
일천 번 평온한 척 사과를 했지만
옹졸 거리는 마음은 천박하기 짝이 없다

척뿐인 겉모습을 도포로 감쌌지만
그 안은 작은 옹기그릇 하나 덩그러니
너무 작아 그 안에 무엇하나 담을 수 없었다

겉멋 든 사과만 할 줄 알지
성인군자는 못 되나 보다

옅은 연두색입니다

옅은 아주 옅은 연두색입니다
저에게 봄은
무채색 정적 그림에
얇고 얇은 붓으로 한 번 스윽

짙은 녹색이 아닌
시작의 연두색
거친 붓의 과감함보단
몽글거림이 묻어있는 작은 붓의 스침

저에게 봄은 수줍은 연두색입니다
가능하다면 더 번질 수 있게
손가락에 닿아 봅니다

은은한 연두색 향이
스며들 수 있도록

차가운 이 비를

매일 맞던 비지만 오늘은 유독 차갑게 느껴집니다
함께 맡았던 새벽 향도 오늘은 고독하기만 합니다
고인 빗물은 내가 설 자리를 앗아갔고
나는 미련을 눌러쓰고 고개를 숙입니다

포근함도 없이 내리는 차가운 비
운동화에 스며든 남루함이 내 마음을 대변해 줍니다
가로등이 꺼진 내 세상과
형광등이 켜진 그대들의 세상
빗물의 종점으로 나는 밀려납니다

하루가 길어 슬픈 나는
고인 빗물을 밥그릇에 받아 놓고
내일은 따뜻한 비가 내리도록 기도합니다
차가운 이 비를 맞지 않도록

현재를 굶어 슬픈 나는
흐르는 빗물을 두 손에 받아 놓고
내일은 볕이 들기를 기도합니다
차가운 이 비를 맞지 않도록

유목민

마음이 떠났나 봅니다
도피를 원하는 걸 보니
내 마음은 유목민
뒷문으로 돌아가는 조용한 탈출

시간도 떠나갔나 봅니다
정주하지 못하는 걸 보니
내 마음은 유목민
지푸라기를 털고 일어나는 방황한 어린 새벽

뿌리내리지 못하는
뿌리내릴 즘 뽑아 버리는
연약한 잡풀

임시 거주지를 찾아
유목민은 또다시 배회합니다

한 시간만 누워 있을게요

그대 먼저 보내고
결국 차가운 독방을 마주하겠지요
슬픔이 무거워 당장 몸을 일으키기 힘드네요

한 시간만 누워 있을게요
아직 슬픔이 모자라
조금 더 울고 싶어요
아직 침대가 너무 건조해
조금 더 울고 싶어요

한 시간만 누워 있을게요
미련한 곰팡이가 온 방을 덮고 있어
출구가 보이지 않네요
슬픔을 머금은 침대 곰팡이
눈물에 눈을 뜨지 못하는 외로운 곰팡이

울어도
울어도
빛이 들어오지 않는 독방에서
버려진 곰팡이와
한 시간만 누워 있을게요

그때 내가 만난 건

나는 끊어진 자
이어지지 않은 자
끊어서 보고 끊어서 생각한다
끊어서 서사를 남기고
끊어서 이어가리라

나는 끊어진 자
그때의 나도 끊어진 나
끊어진 시간에 사는 자
끊어진 그때에 나를 내버려 두리라

그대도 끊어진 자
그때도 끊어진 자
그때 내가 만난 건 그때의 그대
끊어진 그곳에서 만난 끊어진 그대

지금 내가 보고 있는 건
지금 나와 대면하고 있는 건
지금의 그대
지금의 나

으음네에

소가 운다
또 누군가 말을 걸었나 보다

이건 이래야 해 이러쿵저러쿵
저건 저래야 해 이러쿵저러쿵
으음네에
으음네에

소가 운다
무미건조하게
표정도 없이
영혼도 없이

으음네에
으음네에

소매에 물들었다 옅어져간다

   소매에 물들었다 옅어져 간다
   소매를 내리고 걷고 또 걷는다
   돌아갈 곳 없는 이가 내딛는 발걸음엔
   미련은 없다

   지나가고 스쳐 가고 흩어져 가고
   잠시 그을렸지만 산화되어 날아가 버릴 뿐
   정해진 곳이 없다는 걸 알기에 미련은 없다
   남겨둔 것이 없는 이는 뒤를 돌아보지 않는다

   미련이 소매에 물들어 잠시 멈추어 바라보았지만
   자국을 남기지 못하는 걸 보며 툭툭 잡념을 털어버리고
걸어간다

   가야 할 곳이 없는 이는 소매를 걷고 걷고 또 걷는다

노이즈 캔슬링

신나서 얘기를 한다
나는 신나지 않은데
쉬지 않고 얘기를 한다
나는 좀 쉬고 싶은데

블라블라블라
이러쿵이러쿵
저러쿵저러쿵

만약 오른쪽 귀를 누르면
소리가 사라지게 되고
왼쪽 귀를 누르면
다시 소리가 돌아온다면

나는 자연스럽게 오른쪽 귀를 누르고
조용히 미소를 머금으며
고개를 끄덕일 것이다

입모양을 보니
아직 안 끝난 거 같다

용기도 연습이 필요한가 봅니다

주말에 약속 있으세요
주말에 약속 있으세요
주말에 약속 있으세요
하루에 수십 번 연습해 보지만
왜 입술이 떨어지지 않는 건지

내일은 꼭 말해야지
내일은 꼭 말해야지
내일은 꼭 말해야지
하루에 수십 번 다짐하고 다짐해 보지만
왜 용기가 나지 않는 건지

하루에 수십 번 연습해도
입술이 떨리고 용기가 나지 않는 걸 보면
용기도 연습이 필요한가 봅니다

나는 용기가 부족한 게 아닌
용기를 내는 연습이 부족했나 봅니다

길 잃은 방랑자는 사막의 모래가 된다

온몸의 물기가 사라지고
바스스 바스스
길 잃은 방랑자는 사막의 모래가 된다

오아시스의 샘물도 보이지 않고
머리 위 은하수도 흐르지 않고
모래만 바람의 날려 흩어져 간다

갈 곳 잃은 방랑자
사방을 둘러봐도 보이지 않는다
불어오는 모래바람뿐 아무것도
보이지 않는다

무자비한 태양 아래
그것을 닮은 사막의 모래
지난밤 봤던 방랑자는 바람 따라
날아가 버렸다

치고 들어온다

물이 치고 들어온다
가족의 마지막 쉼터를 뚫고
반지하 계단 밑으로
촛불 하나 켜고 가족은 두 손 모아 기도할 뿐

차선을 치고 들어온다
무질서는 자동차의 안전을 들이박았고
일말의 표식도 없이 작은 차 앞으로
한 평 남짓 자동차는 겨우 브레이크를 밟을 뿐

말이 치고 들어온다
무례함에 치인 나의 언어
밟히고 또 즈려 밟히고
상처뿐인 대화는 그저 피할 뿐

치고 들어온다
치고 들어와 쑥대밭을 만들고
빠져나간다

모스부호

분명 다 지난 일인데
아직 나는 지나치지 못했나 보다
아니면 지나치기 싫었던 걸까

모두가 지나간 일인데
왜 나는 그 일에 머물러
마치 나는 알지 못하는 무언가가
잊지 말라는 신호를 보내는 것 같다

뚜
뚜뚜
뚜뚜뚜뚜뚜

잊힌 자의 시그널
잊지 말라는 영속한 모스부호

뚜뚜뚜뚜뚜
뚜뚜
뚜

잊지 않고 있다는 나의 모스부호

독자님들에게 동기부여를 줄 수 있는 글을 쓰고 싶었습니다.
하지만 아이러니하게도 글을 쓰면서 제가 동기 부여를 받았습니다.
독자님들께 힘이 되는 글을 쓸 수 있도록 도움 주신
시간의물레 출판사에 감사 인사드립니다.
저 역시 도전하는 작가를 꿈꾸고 있습니다.
독자님들과 함께 나아가고 싶습니다.

시간의물레詩選 26

펜 끝을 따라 조금 더 멀리 가보려 해

초판인쇄 2025년 08월 02일
초판발행 2025년 08월 07일
작　　가 유형준
발 행 인 권호순
발 행 처 시간의물레
주　　소 경기도 파주시 숲속노을로 150, 708-701
전　　화 031-945-3867
팩　　스 031-945-3868
전자우편 timeofr@naver.com
블 로 그 http://blog.naver.com/mulretime
홈페이지 http://www.mulretime.com
I S B N 978-89-6511-524-3 (03800)
정　　가 10,000원

* 이 책 내용의 전부 또는 일부를 재사용하려면 반드시
　지은이와 출판사의 동의를 얻어야 합니다.
* 잘못된 책은 바꾸어 드립니다.